BEI GRIN MACHT SICH IHR WISSEN BEZAHLT

Der basisdemokratische Widerstand zwischen Utopie und Wirklichkeit

Rojavas Demokratischer Konföderalismus aus intersektionaler und anarchafeministischer Perspektive

Josef Muehlbauer

Bibliografische Information der Deutschen Nationalbibliothek:

Die Deutsche Nationalbibliothek verzeichnet diese Publikation in der Deutschen Nationalbibliografie; detaillierte bibliografische Daten sind im Internet über http://dnb.d-nb.de abrufbar.

ISBN: 9783346259509
Dieses Buch ist auch als E-Book erhältlich.

Der basisdemokratische Widerstand zwischen Utopie und Wirklichkeit

Rojavas Demokratischer Konföderalismus aus intersektionaler und anarchafeministischer Perspektive

The grassroots resistance between utopia and reality

Rojavas Democratic confederalism from an intersectional and anarchafeminist perspective

Josef Mühlbauer[1]

Schlüsselwörter: Intersektionalität, Anarchafeminismus, Basisdemokratie, Demokratischer Konföderalismus, Geschlechterverhältnisse, Rojava

Keywords: intersectionality, anarchafeminism, grassroots democracy, democratic confederalism, gender relations, rojava

Abstract

Auf interdisziplinäre Art und Weise untersucht der Beitrag die Gesellschaftskonfiguration, also den Demokratischen Konföderalismus Rojavas. Dabei werden Macht- und Herrschaftsverhältnisse, entlang von Kategorien wie Race, Class und Gender auf der Subjekt-, Struktur-, und Symbolebene intersektional analysiert. Es werden soziale Ungleichheiten, Formen der Diskriminierung, sowie Partizipations- und Selbstermächtigungsmöglichkeiten in der Konfiguration der Herrschaftsinstitutionen erforscht. Gezeigt wird, inwieweit gesellschaftliche Spannungsverhältnisse mittels basisdemokratischer Konsensfindung und polit-ökonomischer Inklusion von Frauen und ethnischer Minderheiten friedlich entschärft werden konnten. Ausgegangen wird von der These, dass der Demokratische Konföderalismus

[1] Danken für das Feedback, die Diskussionen und für die Kritik möchte ich Univ.-Ass. Mag. Dr. Mathias Flatscher, Mariele Friesacher BA BA MA, Alan Pîrê BA sowie der Ethnologin Anja Flach, dem Team vom „Varna Institute for Peace Research" und dem Verein zur Förderung von Nachwuchsforscher*innen der Geistes- und Sozialwissenschaften namens „under.docs".

eine gesellschaftliche Kooperationsform mit anarchafeministischen Merkmalen ist, welche einen geringen Einsatz von Gewalt, Zwang und Hierarchie aufweist. Der Beitrag geht über eine Policy-Analyse des Gesellschaftsvertrages hinaus, stützt sich kombinatorisch auf empirische und theoretische Quellen und deckt die progressiven Elemente, als auch die Widersprüche und ambivalenten Machtkonstellationen Rojavas auf.

Abstract:

In an interdisciplinary fashion, the article examines the social configuration, ie the democratic confederalism of Rojava. Forms of power and domination are intersectionally analyzed along categories such as race, class and gender and on a subject-, structural and symbolic level. Social inequalities, forms of discrimination, as well as possibilities of participation and self-empowerment are explored in the configuration of the ruling institutions. It shows to what extent societal tensions could be peacefully released by means of grassroots democratic consensus-building and political-economic inclusion of women and ethnic minorities. The starting point is the thesis that Democratic Confederalism is a form of social cooperation with anarcho-feminist characteristics, which shows little use of force, coercion and hierarchy. The paper goes beyond a policy analysis of the social contract, is based on combinatorial empirical and theoretical sources and reveals the progressive elements, as well as the contradictions and ambivalent power constellations Rojavas.

1 Einleitung

Als im Verlauf des syrischen Bürger*innen- bzw. Stellvertreter*innenkrieges das Regime von Assad die Kontrolle über sein nördliches Territorium verloren bzw. taktisch abgegeben hatte (Gunes 2019), übernahmen kurdische Kräfte die Organisation und stellten eine autonome Übergangsverwaltung namens Rojava auf. Es ist demokratietheoretisch betrachtet ein einzigartiges Gesellschaftsmodell, welches auf der Theorie des Demokratischen Konföderalismus fußt. Diese wurde maßgeblich vom Anarchafeministen Abdullah Öcalan und vom Ökoanarchisten Murray Bookchin geprägt (Leezenberg 2016: 675) und enthält Prinzipien bzw. soziale Praktiken wie: Dezentralisierung, Selbstsuffizienz, gemein- bzw. genossenschaftliche Wirtschaftsaktivitäten, ökologische Nachhaltigkeit sowie flache (Geschlechter-)Hierarchien und die politisch-wirtschaftliche Inklusion von Frauen und ethnischen Minderheiten (Bookchin 2015: 65-70; Öcalan 2010). Laut der Ethnologin Anja Flach (2017: 8) symbolisiert Rojava ein Kampf um ein freiheitliches demokratisches Bewusstsein und ein Kampf für egalitäre Geschlechterverhältnisse (ebd.). Diese Beurteilung ist in ähnlicher Form bei einigen Wissenschaftlicher*innen zu finden (Burç 2019, Brauns 2016, Hunt 2017, Shahvisi 2018, Hosseini 2016). Ist mit Rojava der Weg für egalitäre Geschlechter-Macht- und Herrschaftsverhältnisse geebnet? Oder handelt es sich hierbei um „linke Projektionsflächen" utopischer Wunschvorstellungen? Anlehnend an diesen Gedanken soll aus einer intersektionalen Perspektive gezeigt werden, welche Macht- und Herrschaftsverhältnisse in Rojava präsent sind und inwieweit diese als basisdemokratisch-feministischer Widerstand oder gar als „Ambiguität" (Leezenberg 2016) zu werten sind.

1.1 Forschungsfrage und -Relevanz

Folgende Fragen werden beantwortet: Inwieweit tragen die aktuellen Gesellschaftskonfigurationen in Rojava intersektional- und anarchafeministische Merkmale? Und inwieweit kollidieren der selbstdeklarierte Anspruch und die realpolitische Wirklichkeit, vor allem angesichts der derzeitigen Kriegs- und Krisensituation?

Werfen wir nun einen Blick auf den bisherigen Stand der Forschung. Flach (2007) beschäftigt sich mit Geschlechterverhältnisse in der PKK und Flach (et al: 2017) liefert einen historischen Überblick über die Revolution in Rojava. Loqman Radpey (2016) beschäftigt sich mit der kurdischen Verfassung und Michiel Leezenberg (2016) mit der historischen und ideologischen Entwicklung von Abdullah Öcalan und Rojava. Kian Kurtz analysiert systemtheoretisch den Demokratischen Konföderalismus. Ich schließe mich ihm (2014: 12) an und behaupte, dass dem Thema „Demokratischer Konföderalismus" in der nicht-kurdischen Literatur wenig

Aufmerksamkeit geschenkt wurde. Dem ist so, weil vordergründig die Aspekte Krieg und Nationalismus (Özcan 2006), Geopolitik (Gunes 2019), Ethnizität und Geschichte (Hosseini 2016), Ökologie (Hunt 2017) und Gender bzw. Feminismus (Shahvisi 2018, Tank 2017, Düzgün 2016) wissenschaftlich behandelt wurden. Demokratie- und systemtheoretische Arbeiten finden sich zum Teil bei Ahmet H. Akkaya & Joost Jongerden (2012), Yubraj Aryal (2018) und Monica Quirico & Gianfranco Ragona (2018) wieder. Schmidinger (2015) gibt eine chronologische Darstellung der Revolution in Rojava wieder und verwendet dabei Interviews und seine Feldforschung. Anahita Hosseini (2016) greift philosophische Aspekte von Badiou auf, um Rojava als gesellschaftlich-demokratisches Alternativmodell darzustellen. Angesichts dieses Forschungsstands fülle eine wissenschaftliche Lücke, in dem ich aus einer intersektional feministischen bzw. aus einer anarchafeministischen Perspektive den Demokratischen Konföderalismus Rojavas untersuche.

2 Theoretischer Rahmen und Begriffsbestimmung

In dieser Arbeit verwende ich die anarchistischen Theorien von Murray Bookchin (1982, 2015) und Öcalan (2010, 2011, 2013) wobei die Aspekte der Intersektionalität (Crenshaw 1989, Bronner & Paulus 2017) im Zentrum dieser Arbeit stehen. Diese beiden Grundlagen verwende ich, da sie eine zentrale Rolle spielen für die neu entstandene Gesellschaftskonfiguration Rojavas (Leezenberg 2016: 675). Eine Begriffsbestimmung ist vorweg notwendig, damit die Begriffe wie Intersektionalität und politischer Anarchismus ausdifferenziert werden können und damit Kriterien zur Bewertung der Macht- und Herrschaftsverhältnisse gesetzt werden können.

2.1 Intersektionalität

Das Konzept der Intersektionalität geht auf die afroamerikanische Juristin Kimberlé Crenshaw (1989) zurück. Diese Forschungsbrille entstand im Kontext der Erfahrungen Schwarzer Frauen, die sich im westlichen Feminismus weißer Mittelschichtsfrauen kaum wiederfanden. Mit ihr können die Verschränkungen unterschiedlicher Ungleichheit erzeugender Strukturkategorien untersucht werden. Kategorien in diesem Kontext bezeichnen eine Merkmalskonfiguration durch deren Existenz und Wirkmächtigkeit sich Gruppen von Personen bilden. Diese Gruppen mit ihren gemeinsamen und sozial relevanten Merkmalen, werden in Bezug auf Unterdrückungs- und Diskriminierungsmechanismen analysiert (ebd.). Häufig betrachtete Kategorien der Diskriminierung sind unter anderem: Class, Race und Gender. Intersektionale Untersuchungsebenen sind laut Bonner & Paulus (2017) die Strukturebene (Wirtschaft, Politik, Gesetze, Institutionen), die Symbolebene (Diskurse, Medien, Ideologien, Moral) und die

Subjektebene (individuelles Verhalten, Wahrnehmung, Handeln). Auf allen drei Ebenen werde ich die Gesellschaftskonfiguration Rojavas analysieren.

2.2 Politischer Anarchismus und Anarchafeminismus

Der Anarchismus ist eine politische Ideenlehre, welche jegliche Unterdrückung von Menschen über Menschen sowie hierarchisch-zentralisierte Machtstrukturen ablehnt (Göhler & Ansgar 1993). Anarchist*innen streben demnach eine freie Gesellschaft der Gleichberechtigung an, bei der die Mitglieder befähigt und ermutigt werden, ihre gesellschaftlichen Bedürfnisse, ohne Bevormundung und mit einem Minimum an Entfremdung selbst in die Hand zu nehmen.

Den Begriff „inklusive Basisdemokratie" fasse ich gemäß des Anarchafeminismus auf, nämlich als „positive Autonomie im Sinne einer möglichst gleichmäßig, d. h. gerecht verteilten Teilhabe an der Machtausübung" (Pechriggl et al. 2009: 29) und zwar mit dem Fokus auf die Inklusion aller Geschlechter.[2] Aus intersektionaler Perspektive heißt dies wiederrum, dass niemandem aufgrund irgendeines Merkmals oder Anspruchs dauerhaft der Platz der Macht (archê) zusteht (ebd.). Dieses hier beschriebene anarchafeministische Merkmal von Basisdemokratie, mit dem Fokus auf Inklusion dient mir als normative Vergleichskategorie.

3 Methodologische Herangehensweise

Die Demokratiequalität Rojavas kann derzeit nicht anhand der bisherigen Bewertungssysteme gemessen werden, weil Indizes und Analysen wie Freedoom House Index, Democracy Index, Corruption Perceptions Index und Press Freedom Index Rojava gar nicht, bzw. nicht separat von Syrien auswerten (Stand: Aug. 2019). Des Weiteren handelt es sich beim Demokratischen Konföderalismus nicht um eine liberale Demokratie, sondern dieser enthält Elemente einer Rätedemokratie, welche außerhalb des Nationalstaates fungieren. Angesichts dieser Problematik, bzw. Forschungslücke werde ich eine innovative Herangehensweise implementieren. Ganz im Sinne der intersektionalen Herangehensweise (Bonner & Paulus 2017), versuche ich die Macht- und Herrschaftsverhältnisse von Rojava aufzudecken. Dies geschieht entlang der folgenden normativen Begriffskategorien: Race („inklusive Basisdemokratie"), Class („solidarische Ökonomie") und Gender („egalitäre Geschlechterverhältnisse") und entlang der drei schon erwähnten Ebenen (Struktur-, Symbol-, und Subjektebene).

Im Rahmen der Kategorie „inklusive Basisdemokratie" (Race) geht es um die politische Inklusion von allen Geschlechtern sowie ethnischen, religiösen und sogar ideologisch-

---

[2] Da die analytische Kategorie „Geschlecht" im „klassischen Anarchismus" größtenteils ausgelassen wird (vgl. Lohscheider et al. 2009), bediene ich mich anarchafeministischer Ansätze, um diese Lücke zu schließen.

politischen Minderheiten (vgl. Kap.2.2). Race wird in dieser Arbeit als negative Kontrastfolie herangezogen, da eine politische Exklusion von sozialen Gruppen und ethnischen Minderheiten, als eine Art von Rassismus und Diskriminierung gewertet werden kann. Diese Art von Exklusion und Rassismus ist im Grunde jedem Nationalstaat inhärent (Foucault 2001: 34-97, Öcalan 2010)[3], da nationalstaatliche Demokratien territoriale Grenzen unterworfen sind, genealogisch betrachtet auf Nationalismus fußen (de Guevara & Kühn 2010: 23) und da sie politische Partizipation mit der Staatsbürgerschaft begründen, welche wiederum auf zufällige Tatsachen wie Geburtsort und Abstammung beruht (Shachar 2009, in: Celikates 2012: 304). Das Staatswesen wird aus intersektionaler Perspektive als „vergeschlechtlichte, ethnisierte Klassen- und Bürger*innen erzeugende Formation" (Sauer 2003 zit. in Ludwig 2015: 47) betrachtet.

Die zweite Kategorie „solidarische Ökonomie" (Class) soll den etwaigen Klassenantagonismus und daher ökonomische Ungleichheiten der Gesellschaft Rojavas aufzeigen. Solidarische Ökonomie bezeichnet Formen des Wirtschaftens, die menschliche Bedürfnisse auf Basis freiwilliger Kooperation, Selbstorganisation und gegenseitiger Hilfe befriedigen (Voß 2010; Giegold 2007). Eine Vielzahl sozialer Praktiken stehen hierbei im Vordergrund: So wird auf Besitz, also auf den tatsächlichen Gebrauch statt auf Eigentum (Recht zum Ausschluss anderer bzw. Verkaufsrecht) Wert gelegt (Giegold 2007). Des Weiteren wird solidarisch geteilt, genossenschaftlich gearbeitet und individuell beigetragen, statt monetär getauscht. Demokratisch geregelte Banken, gemeinschaftliche Wohnungs- und Produktionsformen sowie Agrarkooperativen und Nutzungsgemeinschaften werden dabei gefördert. Mit dieser Kategorie „Class" werde ich die ökonomischen Zugangsmöglichkeiten, Verteilungsmechanismen (Output-Dimension) und mögliche Privilegien einzelner Gruppen analysieren (vgl. die Herangehensweise von Merkel 2015: 12), wobei mir die erwähnten Praxen und Prinzipien Solidarischer Ökonomie als normative Bewertungskriterien dienen.

Im Rahmen der letztgenannten Kategorie „egalitäre Geschlechterverhältnisse" (Gender) soll die politische Partizipationsmöglichkeit von allen Geschlechtern analysiert werden. Darüber hinaus werfe ich einen Blick auf private Rückzugsräume für Frauen sowie Repräsentations- und politische Vetomöglichkeiten von Frauen. Die Input-Dimension bzw. den Geltungsbereich des politischen Systems erforsche ich anhand der Konfiguration der Herrschaftsinstitutionen,

---

[3] Mit dem Nationalstaat etablierte sich ein rassistischer Diskurs von einer homogenen Gesellschaft in Abgrenzung zu heterogenen Elementen („Unterrassen"), welche den „Staatskörper" schädigen können (Foucault 2001: 82-104). Dieser rassistische Diskurs lässt sich schon vor dem 17. Jh. aber insbesondere mit der Entstehung von Nationalstaaten im 19. Jh. festhalten (ebd.). Ähnliche Gedanken finden sich bei Öcalan (2011) wieder.

also anhand von sechs Klassifikationskriterien: Herrschafts- Legitimation, -Zugang, -Monopol, -Struktur, -Anspruch und Herrschaftsweise (Merkel 1999: 21ff.). Egalitäre Geschlechterverhältnisse erfasse ich mit Alice Pechriggl (et al. 2009: 28) und meine damit eine kollektiv gefasste Autonomie, bei der nicht nur die politische, sondern auch die ökonomische und persönliche Selbstbestimmung aller Individuen, somit aller Geschlechter im Zentrum steht.

Diese soeben definierten drei Kategorien (Race, Class und Gender) dienen als normative Kriterien zur Analyse der Geschlechter-, Macht- und Herrschaftsverhältnissen sowie der Messung der Demokratiequalität in Rojava. Da von mir keine eigene Feldforschung betrieben wurde stützt sich meine Analyse auf den verschriftlichten Gesellschaftsvertrag (2014) sowie auf der theoretisch-ideologische Grundlage Rojavas (Bookchin 1982, 2015, Öcalan 2010, 2011, 2013) und den empirischen Forschungen von Schmidinger (2015), Flach et al. (2015) und Colasanti et al. (2018).

4 Geschlechter-, Macht- und Herrschaftsverhältnisse in der Gesellschaftskonfiguration Rojavas

Es folgt nun der analytische Teil der Arbeit. Hier frage ich wer und in welcher Form über gesellschaftspolitische Fragen mitentscheiden darf, als Teil der Gesellschaft anerkannt wird bzw. wer und auf welcher Weise von den Herrschaftsverhältnissen profitiert. Beginnen werde ich mit dem Blick auf die Kategorie Race.

4.1 Inklusive Basisdemokratie (Race) – Multiethnisch-feministischer Konföderalismus

Am 17. März 2016 wurde die Demokratische Föderation Rojava-Nordsyrien von 31 Parteien, 200 Delegierte sowie einigen arabischen, assyrischen, armenischen, turkmenischen und tschetschenischen Vertreter*innen der Region ausgerufen (Burç 2019: 20). Allein diese heterogene Mischung der Vertreter*innen lässt die in der Verfassung Rojavas zu findenden Prinzipien von Selbstverwaltung, Multikulturalismus und Konföderalismus in Erscheinung treten (ebd.: 21). Dies spiegelt sich auf der Strukturebene wieder.

Das politische System ist aufgebaut nach den Prinzipien des Konföderalismus in Anlehnung an die Theorien Bookchins und Öcalans (Schmidinger 2019: 66). Im Mittelpunkt dieser „partizipativen" (Brauns 2016: 96), „radikalen" (Burç 2019: 26) bzw. „direkten Demokratie" (Hosseini 2016: 254) steht die kleinste Einheit, nämlich die Kommune. Dieses Zentrum der gesellschaftspolitischen Organisierung besteht aus 30 bis 150 Familien einer Straße, einer Siedlung bzw. eines Dorfes und umfasst die Regelung der unmittelbaren sozialen Probleme vor Ort (Müllabfuhr, Energie- und Lebensmittelversorgung etc.). Jede Kommune enthält ein *Mala Gel* (Volkshaus), welches als erstinstanzliche Gerichtsbarkeit fungiert (Ayboga/ Flach & Knapp

2015: 109). Aus den kleinsten Einheiten werden Delegierte in die Stadtteilräte gesandt. Von dort wiederum werden Delegiert in die Stadträte und schlussendlich in den Kantonrat entsandt. Spezifische Komitees sind in den Räten für ganz bestimmte Politikbereiche zuständig (Bildung, Landwirtschaft, Umwelt, Gender Equality etc.). Demokratische Legitimation erhielt Rojava durch die am 22. September 2017 stattgefundene Kommunalratswahl und die darauffolgende Regionalratswahl im Dezember (Küpeli 2017). Insgesamt wählten 3.732 Kommunen ihre jeweiligen Co-Vorsitzenden, also insgesamt 7.464 Kommunalpolitiker*innen (ebd.). Das System des Co-Vorsitzenden (Hevserok-System) sieht vor, dass der zu wählende Posten des Vorsitzenden, der Kommunalverwaltung oder im Gericht jeweils von einem Mann und einer Frau gleichzeitig besetzt wird (Burç 2019: 26). Die Vorsitzende wird durch eine reine Frauenwahl gewählt, im Gegensatz zum Vorsitzenden, der von allen Geschlechtern gewählt werden kann (ebd.). Die Wahlbeteiligung lag bei 69% (Küpeli 2017). Die Liste der Demokratischen Nation (LND), bestehend aus 17 Parteien, die der Partei der Demokratischen Union (PYD) nahestehen und für das basisdemokratische Projekt Rojava einstehen, gewann die Wahl mit 92%. Die Opposition erhielt nur drei Prozent und daher kann hier ein ambivalentes Bild skizziert werden (Küpeli 2017), da einerseits die große Mehrheit für das Projekt Rojava gewählt haben, jedoch eine Rojava ablehnende und starke Opposition fehlt. Jedoch muss dazu gesagt werden, dass jene Opposition, die Rojava ablehnend gegenübertritt die Wahlen boykottiert hat (gemeint ist der Kurdische Nationalrat in Syrien, kurz ENKS). Oppositionelle Kräfte haben laut Verfassung (Artikel 34) das Recht zu streiken, ihre Meinung frei zu äußern und friedlich zu demonstrieren. Festzuhalten ist jedoch: Die demokratische Legitimation wird durch die Kriegs- und Krisensituation stark beeinträchtigt. So wurde die dritte Phase der Wahlen, nämlich die Wahlen für den Volkskongress (*Koma Gel*) in Rojava nicht wie geplant Ende 2018 abgehalten. Grundsätzlich sollte der Volkskongress rund 300 Mitglieder haben und die verschiedenen Identitäten, Ethnien und Geschlechter Rojavas abbilden. Zu diesem hier beschriebenen direktdemokratischen Rätesystems Rojavas besteht jedoch eine Parallelstruktur die von der Kampfeinheit YPG/ YPJ dominiert wird. Auch dies kann ambivalent betrachtet werden, da einerseits diese militärische Struktur Schutz vor dem IS, oder vor türkischen Angriffen bietet und somit nicht nur internationale Solidarisierungsbekundungen, sondern auch regionale Legitimation erhält (Rana M. Khalaf 2016). Andererseits steht sowohl die PYD als auch die YPG/ YPJ unter Kritik, weil sie mit Assads Regime stillschweigend kooperieren[4],

---

[4] Assad kontrolliert den Flughafen in Qamishli und Staatsbedienstete arbeiten zusammen mit der PYD in Regierungsgebäude (Khalaf 2016: 19).

Einfluss auf demokratische Entscheidungsprozesse haben und beschuldigt werden das Menschenrecht verletzt zu haben (Khalaf 2016). Abseits dieser Kritikpunkte zeigt Rojava trotz der humanitären Krise (schwache Kranken-, und Stromversorgung) und der kriegerischen Situation sehr wohl basisdemokratische Charakteristika. So zum Beispiel sieht das Grundprinzip des Demokratischen Konföderalismus ein Vetorecht für Frauen bei Entscheidungen in allen Institutionen vor, die sie (un-)mittelbar betreffen (Burç 2019: 26). Politiker*innen sind aufgrund des imperativen Mandats an die Vorgaben der Wähler*innen gebunden und können jederzeit abgesetzt werden (Flach et al. 2015). Frauen werden durch institutionelle Selbstverteidigungsmechanismen vor politischer Ausbeutung, Unterdrückung und Korruption von Männern geschützt (Burç 2019: 26). In allen Gremien der Selbstverwaltung Rojavas besteht eine vorgeschriebene Frauenquote von 50% und zusätzlich gibt es Quoten für ethnische Minderheiten (Knapp & Jongerden 2016). Die Verfassung (Art. 14) spricht sich explizit gegen Rassismus und im Artikel 30 für die Chancengleichheit aller Bürger*innen aus. Die föderalen Demokratiestrukturen zeigen deutlich Vorteile in Bezug auf die Machtkontrolle, zusätzliche Partizipationsmöglichkeiten, Schutz und Förderung kultureller Vielfalt (Krumm 2015: 28). Diese Vorteile des Föderalismus lassen sich im Bereich der politischen Inklusion verschiedener Interessen, Identitäten und Minderheiten theoretisch (Gerring & Tacker 2008, In: Krumm 2015: 29) und wie wir bisher sahen auch strukturell festhalten. In Anlehnung an Merkels (1999) Herrschaftsklassifikationen lässt sich zusätzlich folgendes Bild skizzieren: Der Herrschaftszugang ist radikal offen für alle ethnischen, sozialen, kulturellen und nationalen Gruppen. Der Herrschaftsanspruch ist deutlich begrenzt, da die Privatsphäre insbesondere von Frauen und auch das Privateigentum geschützt werden. Die Herrschaftslegitimation lässt zwar Raum für Diskussion offen (Küpeli 2017), erscheint aber aufgrund der Wahlbeteiligung von 69%, der Befürwortung des regierenden politischen Lagers von 92%, dem imperativen Mandat und der starken Anbindung der Zivilgesellschaft deutlich vorhanden zu sein (ebd.). Das Kriterium des Herrschaftsmonopols zeigt deutlich die inklusiven und basisdemokratischen Einbindungsmöglichkeiten von Frauen und ethnischen Minderheiten in Bezug auf die politisch bindenden Entscheidungen. Die Freiwilligenmiliz *Asayis* untersteht den demokratisch gewählten Räten und trägt gesellschaftliche Sicherheitsaufgaben. Die Asayis wählen ihre Vorgesetzte selbst, somit werden hierarchische Machtstrukturen und Formen der Machtsedimentierung vermieden (Brauns 2016: 96). Die YPG hingegen ist ein militärischer Akteur mit unklaren Strukturen und politischer Nähe zur türkischen PKK (die in einigen Staaten als Terrororganisation eingestuft wird). Die Herrschaftsweise orientiert sich an rätedemokratische und gewaltenteilende Prinzipien. Zuletzt zeigt die Herrschaftsstruktur eine horizontale (dezentralisierte) Verteilung von Macht- und Herrschaftsträgern, wobei eine Rojava-kritische Opposition nicht vorhanden ist (Küpeli 2017) und die PYD als Parallelstruktur angesehen werden kann (Khalaf 2016).

Nun werde ich das politische System Rojavas von der Symbolebene her betrachten und blicke daher auf die Medienlandschaft sowie auf die theoretisch-ideologischen Fundamente Rojavas. Die Medienlandschaft wird rechtlich von den Artikeln 24 und 33 der Verfassung und im Sinne der Gedanken- und Pressefreiheit reglementiert. Die Freie Medienunion (YRA) wurde im August 2013 ins Leben gerufen und wird politisch von der PYD dominiert, wobei oppositionelle Journalist*innen bis 2015 sogar ausgewiesen oder festgenommen worden sind (Freedom House 2019). Medien müssen bei der YRA eine Lizenz beantragen um ihre journalistische Arbeit aufnehmen zu dürfen. Den der irakischen KDP nahestehenden Medien *Orient TV* und *Rudaw Media Network* wurde aufgrund von Propagandavorwürfen die Lizenz entzogen. Neben Ronahi TV und Zagros TV gibt es die Ronahi und Bûyerpress Zeitung und den Radiosender Arta FM. Der zuletzt genannte Sender Arta FM wird teilweise von der EU, den USA und Kanada gefördert und wurde im April 2016 sogar in Brand gesetzt und es wurde ein Leiter entführt (Huch 2019: 103). Dieser liberale Sender ist den konservativen Kadern der PKK ein Dorn im Auge (Hackensberger 2016). ROJ-TV auf der anderen Seite wurde 2012 wegen ihrer Unterstützung der PKK in den meisten europäischen Staaten verboten (ebd.). Da es bis heute keine wissenschaftlichen (Inhalts-)Analysen oder empirischen Daten über die Medienlandschaft in Rojava gibt, beschränke ich mich auf die bisher erwähnte Kritik von Freedom House (2019), Hackensberger (2016) und Huch (2019).

Nun möchte ich das ideologische Fundament Rojavas analysieren, welches auf den Theorien von Öcalan und Bookchin basiert (Leezenberg 2016: 675). Dies ist aus intersektional-feministischer, aber auch aus anarchafeministischer Perspektive problematisch. Öcalan gründete 1978 in der türkischen Provinz Diyarbakir die marxistisch-leninistisch ausgerichtete PKK mit dem Ziel eines separaten Kurdenstaates. Die Gewaltbereitschaft der PKK (terroristische Aktionen), Öcalans Führungsanspruch (*Leninist party vanguardism*) und der stalinistisch anmutende Personenkult um ihn (Huch 2019:74, Leezenberg 2016) sind Faktoren die sich weder mit anarchistischen, noch mit intersektional-feministischen Bewegungen und Theorien verbinden lassen. Alex de Jong (2015 zit. in Leezenberg 2016) fragt daher zurecht: *Stalinist caterpillar or liberatarian butterfly*? Doch seit seiner Gefangenschaft veränderte sich die Ideologie Öcalans (Gerber & Brincat 2018: 3f.), da er Bücher folgender Denker*innen las: Emma Goldmann, Immanuel Wallerstein, Fernand Braudel, Friedrich Nietzsche und Michel Focault (Al-Ali & Tas 2018: 13 in: Shahvisi 2018: 8f.). Widersprüchlich ist, dass er zeitweise für eine anti-staatliche und zeitweise für eine Demokratie innerhalb eines Staates plädiert (Biehl 2012: 9). Inwieweit wiederum Bookchins trotzkistische Vergangenheit seine anarchistischen Theorien beeinflussen bleibt unklar (Biehl 2012). Bookchin (2015: 65-70) selbst theoretisiert basisdemokratische und konföderale Demokratiemodelle und plädiert für Dezentralisierung, Selbstsuffizienz, Kooperative, ökologische Nachhaltigkeit und flache Hierarchien. Dabei bezieht er sich Anarchist*innen wie Petr Kropotkin und Michail Bakunin. Ähnlich wie bei den Zapatistas, wird Raum nicht geographisch limitiert, also mit nationalstaatlichen Grenzen gedacht, sondern durch die Brille der internationalen Solidarität (Gerber & Brincat 2018: 7). Aufgrund der jahrhundertlangen Geschichte staatlich-kolonialer Repressionen, sind die antietatistische Diskurse rund um Öcalan und Bookchin und ihre rätedemokratische Anwendung sogar eine weitere Form politischer Legitimation (ebd.: 19).

Nun möchte ich einen Blick auf die (Selbst-)Wahrnehmung der Kurd*innen, sowie auf das Verhalten und Handeln der in Rojava lebenden Bevölkerung eingehen. Die Frauen von Rojava sind, wie die Interviews und Reiseberichte von Schmidinger (2015: 167ff, 2018: 155) belegen, durchwegs erfreut über die demokratisch-politischen Veränderungen, konstatieren jedoch eine Langwierigkeit bei der Umsetzung progressiver gesellschaftlicher Veränderungen, aufgrund des religiös-konservativen Umfelds und aufgrund der krisenbedingten Lage der Region. Eine Studie vom Institute for Strategic Research aus dem Jahr 2013 fand heraus, dass 84% der Bevölkerung im Kanton Cizîrê sich positiv über den Demokratischen Konföderalismus ausgesprochen haben (vgl. Knapp & Jongerden 2016: 102). Auf dieser Subjektebene sei an dieser Stelle auch die gesellschaftliche Praxis, bzw. das pädagogische Prinzip *Tekmil* zu erwähnen. Tekmil ist eine, vom Maoismus stammende und in der PKK praktizierende Kommunikationsform, bei der sowohl Kritik an anderen, als auch Selbstkritik geübt wird. Diese Art der Auseinandersetzung mit der sozialen Praxis und dem eigenen Bewusstsein soll eine Kultur der konstruktiven Kritik und des gegenseitigen Lernens und Zuhörens schaffen (Flach et al. 2015: 183). Auf der Subjektebene lässt sich Rojava insgesamt als ein buntes Mosaikbild beschreiben, welches Elemente einer maoistischen Kulturrevolution, einem religiösen Konservatismus und nicht zuletzt einer emanzipatorischen Basisdemokratie aufweist.

4.2 Solidarische Ökonomie (Class) – Kooperativsystem als Demokratisierung der Wirtschaft

Jede*r Bürger*in hat laut Art. 30 der Verfassung das Recht auf Wohlstand, gebührenfreie Bildung, Arbeit, Unterkunft sowie das Recht auf Gesundheits- und Sozialversicherung. Art. 38 garantiert für alle Chancengleichheit und Art. 39 besagt, dass alle natürlichen Ressourcen der gesamten Gesellschaft gehören. Die Verwaltung von Grundbesitz und Boden wird durch die demokratisch gewählten Verwaltungen aufgeteilt und deren Nutzung durch Gesetze geregelt (Art. 40). Eigentum und das freie Unternehmer*innentum werden jedoch geschützt, solange Monopolbildungen verhindert werden (Art. 42). Diese bürgerlich-liberale Stoßrichtung der Verfassung ist laut Anselm Schindler (2018: 49) ein Zugeständnis an die schwere Umsetzbarkeit des Klassenkampfes angesichts der Kriegs- und Krisensituation Rojavas. Laut Schmidinger (2018) und Meredith Tax (2017) kann die Ökonomie Rojavas in drei Sektoren aufgeteilt werden, und zwar in einen sozialen, in einen offenen und schlussendlich in einen Rüstungssektor. Der letztgenannte Sektor verschlingt rund 70% des gesamten Budgets und wird zentralistisch gesteuert (Colasanti et al. 2018: 816). Der soziale Sektor der Wirtschaft basiert auf einem Kooperativsystem, welches keinen Mehrwert im kapitalistischen Sinne generiert (ebd.). Kooperativen sind an die demokratische Selbstverwaltung angebunden, von wo aus die gesamte Gesellschaft über weitere Öffnungen und über die Distribution und Preise der Produkte bestimmt (Schmidinger 2018). Frauenkooperativen spielen zwar ideologisch eine große Rolle, machen aber einen geringen Anteil der Wirtschaft aus (ebd.). Obwohl empirische Daten und Zahlen fehlen, sind sich Experten wie Schmidinger (2015: 17) und Leezenberg 2016: 682) einig, und zwar dass der größte Teil der Wirtschaft, nämlich die Kriegsindustrie auf illegalem Schmuggel und Schattenwirtschaft basiert und von der Tev-Dem, also realpolitisch von der PYD dominiert und bestimmt wird. Steuern werden von den YPG/ YPJ-Kampfeinheiten an Grenzposten, aber auch von lokalen und internationalen Organisationen verlangt (laut einem arabischen Aktivisten, zit. in: Khalaf 2016: 18). Abseits dieser zu kritisierenden Faktoren ist anzumerken, dass es für Frauen in den Arbeitsplätzen Baby-Horte, drei Monate Mutterschutz, zwei Freistunden am Tag für Stillen und Nähwerkstätten für geflüchtete Frauen gibt (Tax 2017: 183). Nun möchte ich einen Blick auf die Symbolebene werfen:

Für Öcalan ist die 5.000-jährige Zivilisation, in der wir leben, eine Geschichte der Versklavung der Frau (Öcalan 2013: 9). Biologische Differenzen werden missbraucht, um die Versklavung der Frau zu rechtfertigen (ebd.). Ihre Arbeit wird als gegeben, selbstverständlich und als der Bezahlung nicht würdig angesehen (vgl. Öcalan 2013: 11). Er geht noch weiter und stellt die intersektionale Kategorie Gender über die von Class und Race.

„In fact, society treats woman not merely as a biologically separate sex but almost as a separate race, nation or class – the most oppressed race, nation or class: no race, class or nation is subjected to such systematic slavery as housewifisation." (Öcalan 2013: 11).

Dieses Zitat ist aus intersektionaler Perspektive jedoch problematisch, da Öcalan dadurch die verschiedenen Interessen und die unterschiedlichen sozialen Positionen von Frauen nivelliert.

Generalisierend impliziert Öcalan gleich im ersten Satz des Zitates, dass die Gesellschaft (society) männlich ist.

Die Ausbeutung des vermeintlich "schwachen Geschlechts" sowie die Institution der (bürgerlichen) Familie sind für Öcalan Eckpfeiler des Kapitalismus (Tank 2017: 419). Hier lehnt er sich stark an Friedrich Engels an (1884 zit. in Tank 2017: 419), da für ihn die monogame Familienstruktur ein Mikromodell des patriarchalen Staates darstellt. Öcalans Lösung: Der Schutz der Frau vor Ausbeutung und die Förderung von Frauen in betrieblichen Kooperativen wird sowohl in kultureller als auch in symbolischer Hinsicht forciert (Öcalan 2017, zit. in: Burç 2019: 26). Organisationen und Institutionen wie *Kongreya Star*, *Desteya Jin* oder auch die *Women's Economy Conference* versuchen die feministischen Theorien Öcalans mittels selbstverwalteten Kooperativen zu implementieren. Frauen sind in diesem Diskurs sogar „positiv diskriminiert", da für Öcalan (2013: 15ff.) die matriarchale Gesellschaft, die vor der kapitalistischen Moderne existiert haben soll, weder institutionalisierte Hierarchien, ökonomische Depressionen noch Ausbeutung und Verschmutzung der Umwelt kannte. Ideologisch spielen also Frauen eine zentrale Rolle im sozialen Leben, in der Politik, in Militärorganisationen aber auch in der Wirtschaft Rojavas (vgl. Colasanti et al. 2018: 818). Privateigentum wird nach dem Prinzip „Eigentum durch Gebrauch" organisiert. Das heißt, dass die Vermehrung von Privateigentum nicht als Selbstzweck, sondern im Dienste aller Bürger*innen angesehen wird (Tax 2017: 179-184). Das selbstdeklarierte Ziel: Rojava soll kein kapitalistisches System sein, das seiner Umwelt keinen Respekt zollt. Insbesondere die multikulturelle Struktur Kurdistans wird als wichtige Ressource für den Aufbau einer partizipativen Wirtschaft in Form von kommunalen Genossenschaften gesehen (Öcalan 2012 zit. in: Knapp 2019). Nun werfe ich einen Blick auf die Subjektebene:

Aufgrund des Embargos der Türkei und aufgrund der Kämpfe gegen den IS kam es zur Verteuerung von Heizmaterialien und Grundnahrungsmitteln (Knapp 2019). Die Stromversorgung, die sich auf wenige Stunden am Tag beschränkte und die medizinische Versorgung waren zeitweise katastrophal (Schmidinger 2018: 74), da viele Patienten nicht medizinisch versorgt werden konnten (ebd.). Über arabische Schmugler*innen wurde in Rojava aus pragmatischen Gründen über den IS Treibstoff geschmuggelt (Barzan zit. in Schmidinger 2015: 232). In dieser Notlage sind dies nachvollziehbare, aber dennoch äußerst problematisch Handlungen.

Der versprochene antikapitalistische und antifeudalistische Kampf entpuppte sich daher als langwierig und sogar als historisch beladen: Aufgrund der Arabisierungspolitik Assads profitieren arabische Großgrundbesitzer*innen von der ökonomischen und sogar feudalen

Ausbeutung der Arbeitskräfte in der Region Rojavas. Die Aufhebung dieser Ungleichheit verläuft insofern nicht nur entlang vom Klassenantagonismus, sondern auch entlang einer ethnisch-kulturellen Trennlinie (Schindler 2018: 48). Der Versuch diese intersektionalen Widersprüche der mosaikartigen Gesellschaft Rojavas aufzuheben, gleicht daher einem Mikadospiel, bei dem die Frage auftaucht welches Stäbchen zuerst aufgehoben werden sollte. Für Hevi Ibrahim Mustefa (zit. in Schmidinger 2015: 234) und für viele weitere Frauen in Rojava (vgl. Tax 2017) hat sich die kurdische Gesellschaft und Rojavas Wirtschaft stark verändert, da Frauen mehr politische Verantwortung tragen und auch in das ökonomische System besser integriert sind. Frauenkooperativen spielen dabei eine wichtige Rolle und sollen Frauen ein von ihren Männern unabhängiges Einkommen ermöglichen.

4.3 Von egalitären Geschlechterverhältnisse zur hegemonialen Männlichkeit (Gender)

In Rojava existieren eigenständige Frauenräte, Frauenbildungsvereine und Frauenkooperative im Rahmen der Selbstverwaltung, sowie einer speziellen Gerichtsbarkeit für patriarchale Gewalt (Brauns 2016: 97, Burç 2019). Frauenräte sind für bestimmte politische Bereiche zuständig – sie sollen Zwangsehen, Ehrenmorde (unfreiwillige) Polygamie, sexualisierte Gewalt und Diskriminierung sanktionieren (Biehl 2015 zit. Tax 2017: 177). Eigene Frauenverteidigungseinheiten (YPJ) und die *Asayisa Jin* sind eigenständige Frauenstrukturen, die mehr als ein Drittel der (militärischen) Gesamtstärke ausmachen (Brauns 2016: 96). Mit dem System der Co-Vorsitzende (Hevserok) werden politische Posten stets von jeweils einem Mann und einer Frau bekleidet (Schmidinger 2018). Und darüber hinaus bestehen auch Frauenhäuser (*Mala Jinan*) als Rückzugs- bzw. Freizeiträume für Frauen jeglicher Ethnizität und Religion (Colasanti et al. 2018: 819). Ein weitaus ambivalenteres Bild finden wir auf der Symbolebene:

Der Personenkult rund um Öcalan (Leezenberg 2016), die weltweit berühmt gewordenen Frauen der YPJ mit ihren Gewehren und nicht zuletzt das alte Instrument der politischen Demonstration, nämlich die Selbstopferungen von Kurdinnen (Huch 2019: 121)[5], sind Anzeichen einer Perpetuierung von patriarchalen Mustern und toxischer Maskulinität (Şimşek & Jongerden 2018: 13). Andererseits gibt es zahlreiche intersektional-feministische Charakteristika: Die kurdische Lehre der Frau (Jineoloji) wurde von Feminist*innen wie Butler,

---

[5] Als Beispiel kann der Zilan-Tag genannt werden, benannt nach dem Decknamen der umstrittenen PKK-Selbstmordattentäterin Zeynep Kinaci, die sich 1996 in der Türkei selbst gesprengt und damit sieben Menschen in den Tod gerissen hatte (Huch 2019: 121). Vgl. auch die drei Perioden von „masculine womanhood" (1984-1994), „women's color" (1995) und „goddessnes" (1996) in Şimşek & Jongerden (2018). Die Heroisierung kurdische Freiheitskämpferinnen, entpolitisiert deren Kampf um Autonomie und Antikapitalismus aus (ebd.).

Goldman, aber auch vom Poststrukturalismus inspiriert (Shahvisi 2018: 8f.). Intersektionalität spielt darüber hinaus eine zentrale Rolle für Rojava, da die Komplexität und Vielfältigkeit der Unterdrückungsformen und der marginalisierten Identitäten in den Blick genommen werden (ebd.; Tank 2017: 419). Jineoloji und Rojavas Feminismus müssen dabei deutlich vom liberalen Feminismus abgegrenzt werden, da nicht das atomisierte Individuum, sondern die gesamte Gesellschaft mit ihrer Interessens- und Identitätsvielfalt egalitär ins Zentrum gerückt wird (vgl. Tank 2017). Shahvisi (2018: 9) zieht diesbezüglich sogar Vergleiche zu den Kämpfen der Schwarzen Frauen in den USA (Özcan 2011 zit. in Shahvisi 2018: 9). Im Diskurs rund um Öcalan finden sich feministische Inhalte: So meint er „the revolution is female" (Tank 2017: 419) und spricht sogar von "killing the dominant man" (Öcalan 2013 in Shahvisi 2018: 16). Der Stellenwert der Frau wird bei Öcalan klar und mit gezielten Prioritäten ausbuchstabiert: „The role the working class once played must now be taken over by the sisterhood of women. So, before we can analyse class, we must be able to analyse the sisterhood of women – this will enable us to form a much clearer understanding of the issues of class and nationality." (Öcalan 2013: 90).

Die gesellschaftliche Transformation gelingt laut Öcalan mittels Überwindung der Maskulinität und den männlich dominierten Normen und politischen Strukturen (Öcalan 2013; Shahvisi 2018: 16). Bevor ich zum Fazit komme, möchte ich abschließend ein Blick auf die Subjektebene werfen:

Nach dem Fall des Assad-Regimes, sprechen viele Kurd*innen von einer „Revolution der Frauen" (Biehl 2015 zit. in Colasanti et al. 2018: 818). Wie schon erwähnt, sehen Hevi Ibrahim Mustefa (Schmidinger 2015: 234) und viele weitere Frauen (Colasanti et al. 2018), Rojava und dessen ökonomische Entwicklung als emanzipativ und feministisch an. Frauen erfreuen sich, dass sie politische Funktionen erfüllen, Ämter besetzen dürfen und sich wirtschaftlich selber erhalten können (vgl. Schmidinger 2015, Colasanti et al. 2018). Selbst Kritiker*innen wie Huch (2019), Khalaf (2016) und Leezenberg (2016) erkennen das feministische Potential Rojavas an. Huch (2019) beispielsweise sieht nicht nur eine geopolitische Stabilisierung des Nahen Osten durch die Kurd*innen, sondern konstatiert eine Chancengleichheit der Geschlechter in Rojava. Akademiker*innen wie Burç (2019), Flach (2007, 2015, 2017), Tank (2017), Shahvisi (2018), und Şimşek (2018) sowie Journalist*innen wie Tax (2017) beschreiben Rojava als feministisch, da sich alle Geschlechter gleichermaßen in das politische und wirtschaftliche Geschehen einbringen können. Die Selbstwahrnehmung der Kurd*innen (vgl. Schmidinger 2015, Colasanti et al. 2018) als auch die Fremdwahrnehmung, wie im vorherigen Satz erwähnt, zeichnen daher ein progressiv-feministisches Bild.

Zum Schluss möchte ich auf einen letzten Aspekt eingehen, der die Wahrnehmung von Asya Abdullah widerspiegelt und gleichzeitig für die Symbolebene wichtig ist.

„Wenn Frauen nicht in der Politik sind, dann gibt es Kriege, weil Männer Kriege führen (…). Deshalb ist der Feminismus nicht nur eine Bewegung zum Schutz von Frauenrechten, sondern viel mehr als das. Wir schützen all das, indem wir die Identität der Frau unterstützen." (Abdullah zit. in Schmidinger 2015: 228).

Aus anarchafeministischer Perspektive trägt diese Art des Feminismus gewisse problematische Annahmen in sich. Zum einen wird an dichotome Geschlechterkategorien und an essentialistische Vorstellungen „von Frauen" festgehalten. Stereotype werden somit, wenn auch mit umgekehrten Vorzeichen, weiter tradiert. Zum anderen werden durch dieses Zitat Prioritätensetzungen innerhalb der einzelnen intersektionalen Trennlinien sichtbar (vgl. Öcalan 2013).

5 Fazit

Wie im Kapitel 4.1 analysiert versucht Rojava auf der Strukturebene mit seiner Verfassung alle Ethnien, Religionen und Geschlechter ins politische System nicht nur zu integrieren, sondern ihnen alle eine gleiche Chance, Stimme und Partizipationsmöglichkeit zu geben (vgl. Quirico & Ragona 2018). Jedoch: Öcalans Omnipräsenz, der undurchsichtige Einfluss der PKK und das Fehlen einer starken Opposition sind negative Faktoren (Leezenberg 2016). Bei der Betrachtung der Symbolebene stieß ich auf Öcalan und Bookchin (vgl. Leezenberg 2016: 657). Hier wurden Elemente wie konföderale Basisdemokratie, Dezentralisierung, Selbstsuffizienz, ökologische Nachhaltigkeit, flache Hierarchien (vgl. Bookchin 2016: 65-70) sowie antietatistische, anarchafeministische Diskurse und rätedemokratische Praxen festgemacht (vgl. Öcalan 2013; Gerber & Brincat 2018: 7). Dies sind definitiv Merkmale einer inklusiven Basisdemokratie (vgl. Kap. 2.1). Auf der Subjektebene konstatierte ich eine Verringerung der sozialen Ungleichheiten und Diskriminierungen sowie zahlreiche Formen politischer Partizipations- und Selbstermächtigungsmöglichkeiten, insbesondere für Frauen und ethnische Minderheiten (vgl. S. 14). Der feministische Anspruch Öcalans (2013) wurde auf der Strukturebene mit dem demokratischen System des Co-Vorsitzenden (Hevserok), mittels Frauenhäuser (Mala Jinan) und unter anderem mittels Rückzugs- und Freizeiträume weitestgehend verwirklicht. Dies spiegelt sich auch auf der Subjektebene wieder, da viele Frauen erfreut sind über die demokratisch-politischen Veränderungen der Region (Schmidinger 2018: 155, Colasanti et al. 2018). Gemäß den Herrschaftsklassifikationen von Merkel (1999) war zu erkennen, dass der Herrschaftszugang radikal offen ist. Der Herrschaftsanspruch ist stark begrenzt, da die Privatsphäre, insbesondere von Frauen, der Schutz des Privateigentums und Prinzipien der Gewaltenteilung sowie Demonstrations-, Versammlungs-, und Meinungsfreiheiten gewährleistet bzw. geschützt werden. Jedoch wurde im Hinblick auf die Pressefreiheit Kritik geübt (Huch 2019; Hackensberger 2016). Die Herrschaftslegitimation bezieht der Demokratische Konföderalismus aus der demokratischen Wahl von 2017, dem Prinzip des imperativen Mandats, aus den antietatistischen Diskursen rund um Öcalan und Bookchin (Hosseini 2016), den erfolgreichen Distributionsmechanismen und Kooperativen der Räte (Schmidinger 2018: 76) sowie aus den militärischen Errungenschaften gegen den IS (Khalaf 2016) und der starken Anbindung der Zivilgesellschaft (Küpeli 2017). Das Kriterium des Herrschaftsmonopols zeigt Merkmale einer inklusiven Basisdemokratie, da Frauen und ethnische Minderheiten im Abstimmungsprozess der politisch bindenden Entscheidungen eingebunden werden. Kritik kann jedoch geübt werden, da die YPG ein militärischer Akteur mit unklaren Kommandostrukturen ist und mit politischer Nähe zur türkischen PKK. Die Herrschaftsweise wird von räte- bzw. basisdemokratischen und gewaltenteilenden Prinzipien bestimmt. Und zuletzt zeigt die Herrschaftsstruktur eine horizontale Distribution von Macht- und Herrschaftsträger*innen, wobei eine Rojava-kritische Opposition fehlt.

Auch ökonomisch werden Frauen und ethnische Minderheiten eingebunden: Auf der Strukturebene fand ich einen egalitären Distributionsmechanismus, da jede*r Bürger*in das Recht auf Wohlstand, gebührenfreie Bildung, Arbeit, Unterkunft sowie das Recht auf Gesundheits- und Sozialversicherung hat (laut Art. 30 der Verfassung). Das Kooperativwesen Rojavas ist nicht an einem kapitalistischen Mehrwert orientiert, sondern dient der Emanzipation von Frauen und der Subsistenz einzelner Gemeinden. Sowohl auf der Symbol- als auch auf der Subjektebene wird der Schutz der Frau vor Ausbeutung und die Einbindung in betriebliche Kooperativen forciert (Öcalan 2017, zit. in Burç 2019: 26).

Die Analyse der letzten Kategorie (Gender) ergab folgendes Bild. Die Emanzipation von Frauen steht im Zentrum der Ideologie Öcalans (Symbolebene) und mit dem Hevserok-System (Doppelsitze) und der 50%-Frauenquote wird dieser Anspruch auch real umgesetzt (Strukturebene). Auch auf der Subjektebene lässt sich eine breite Zustimmung von Frauen in Rojava in Bezug auf den Demokratischen Konföderalismus und sein solidarisches Wirtschaftssystem beobachten. Aus intersektionaler Perspektive wird jedoch auf der Symbolebene essentialistisch von „der Frau" ausgegangen, diese sogar „positiv diskriminiert" und darüber hinaus wird Gender über die anderen Kategorien (class, race) gestellt (Öcalan 2013). Somit ergibt der Blick auf Rojava ein ambivalentes Mosaikbild, geprägt von progressiven anarchafeministischen Elementen (Shahvisi 2018, Aryal 2018), realpolitischem

Pragmatismus (Khalaf 2016) sowie zahlreichen Widersprüchen (Leezenberg 2016). Der Demokratische Konföderalismus zeigt Ähnlichkeiten zu Rätesystemen des Spanischen Bürgerkrieges, der Österreichischen Arbeiter- und Soldatenräte, oder aktuell der Zapatista in Mexiko (Schmidinger 2018: 67).

Angesichts der Kriegs- und Krisensituation bleibt abzuwarten ob das anarchafeministische, gleichberechtigende und solidarische Potential ausgeschöpft werden kann. Obwohl „linke Hoffnungen" durchaus berechtigt sind, ist Rojava noch lange nicht die konkrete, herrschaftsfreie und gelebte feministische Utopie. Eine romantisierte Darstellung blendet nämlich unweigerlich bestehende Macht- und Herrschaftsverhältnisse aus.

Literaturverzeichnis

Akkaya, A. H. & Jongerden, J. (2012). Reassembling the Political. The PKK and the project of Radical Democracy. In European Journal of Turkish Studies 14/2012.

Aryal, Y. (2018). Radical Politics in Practice: The Self-organising and Self-managing Kurdish Confederalism. In Deleuze and Guattari Studies 12.2. S. 185–209.

Biehl, J. (2012). Bookchin, Öcalan, and the Dialectics of Democracy. Challenging Capitalist Modernity. Alternative Concepts and The Kurdish Quest. Hamburg.

Brauns, N. (2016). Die Kurden in Syrien und die Selbstverwaltung in Rojava. In: Edlinger, Fritz (Hg.), Der Nahe Osten brennt. Zwischen syrischen Bürgerkrieg und Weltkrieg. Wien, S. 91-112.

Bronner, K. & Paulus, S. (2017). Intersektionalität: Geschichte, Theorie und Praxis. Eine Einführung für das Studium der Sozialen Arbeit und der Erziehungswissenschaft. Opladen/ Toronto.

Bookchin, M. (1982). The Ecology of Freedom. The Emergence and Dissolution of Hierarchy. Palo Alto.

Bookchin, M. (2015). The Next Revolution. Popular Assemblies & The Promise of Direct Democracy. London/ New York.

Burç, R. (2019). Demokratische Autonomie. Staatenlos regieren als gesellschaftliche Alternative zum Nationalstaat in Nordsyrien und der Türkei. In: Küpeli, Ismail (Hg.), Kampf um Rojava, Kampf um die Türkei. Münster. S.20-29.

Celikates, R. (2012). Demokratische Inklusion: Bürgerschaft oder Wahlrecht? In: Cassee, A./ Goppel A. (Hg.), Migration und Ethik. Paderborn. S. 291-305.

Colasanti, N./ Frondizi, R./ Liddle, J. & Meneguzzo, M. (2018). Grassroots democracy and local government in Nothern Syria: the case of democratic confederalism. In: Local Government Studies 44(6). S. 807-825.

Crenshaw, Kimberlé W. (1989), Demarginalizing the Intersection of Race and Sex: A Black Feminist Critique of Antidiscrimination Doctrine, Feminist Theory and Antiracist Politics. In: University of Chicago Legal Forum 1989, 139 – 167.

De Guevara, B. B. & Kühn, F. (2010). Illusion Statebuilding. Warum sich der westliche Staat so schwer exportieren lässt. Hamburg.

Düzgün, M. (2016). Jineology. The Kurdish Women's Movement. In: Third Space. Journal of Middle East Women's Studies 12:2. S. 284-287.

Flach, A. (2007). Frauen in der kurdischen Guerilla. Motivation, Identität und Geschlechterverhältnis in der Frauenarmee der PKK. Köln.

Flach, A./ Ayboga, E. & Knapp, M. (2015). Revolution in Rojava. Frauenbewegung und Kommunalismus zwischen Krieg und Embargo. Hamburg.

Flach, A. (2017). Auf der Suche nach einem freien Leben, In: Lower Class Magazine (Hg.), „Konkrete Utopie. Die Berge Kurdistans und die Revolution in Rojava. Ein Reisetagebuch.", Münster. S. 8-14.

Foucault, M. (2001). In Verteidigung der Gesellschaft: Vorlesungen am Collège de France 1975/1976. Frankfurt am Main.

Gerber, D. & Brincat, S. (2018). When Öcalan met Bookchin: The Kurdish Freedom Movement and the Political Theory of Democratic Confederalism. In: Geopolitics. S.1-25.

Giegold, Sven (2007). Solidarische Ökonomie. In: Brand U./Lösch, B./Thimmel, S. ABC der Alternativen. Von „Ästhetik des Widerstands" bis „Ziviler Ungehorsam". Hamburg.

Göhler, G. & Klein, A. (1993). Anarchismus. In: Hans-Joachim Lieber (Hrsg.), Politische Theorien von der Antike bis zur Gegenwart. Bundeszentrale für politische Bildung. Bonn.

Gunes, C. (2019). The Kurds in a New Middle East. The Changing Geopolitics of a Regional Conflict. Cham.

Hackensberger, A. (2016). Die brüchige Demokratie-Utopie der syrischen Kurden. In: Die Presse, Print Ausgabe vom 20.5.2016.

Hartmann, J. (2011). Westliche Regierungssysteme. Parlamentarismus, präsidentielles und semi-präsidentielles Regierungssystem. Wiesbaden.

Hosseini, A. (2016). The Spirit of the Spiritless Situation: The Significance of Rojava as an Alternative Model of Political Development in the Context of the Middle East. In: Critique, 44:3. S. 253-265.

Huch, T. (2019). Kurdistan. Wie ein unterdrücktes Volk den Mittleren Osten stabilisiert. München.

Hunt, S. E. (2017). Prospects for Kurdish Ecology Initiatives in Syria and Turkey: Democratic Confederalism and Social Ecology. In: Capitalism Nature Socialism. S. 1-20.

Isop, U./ Ratkovic, V. (Hg.) (2011). Differenzen leben. Kulturwissenschaftliche und geschlechterkritische Perspektiven auf Inklusion und Exklusion. Bielefeld.

Khalaf, R. M. (2016). Governing Rojava: Layers of Legitimacy in Syria. Chatham House. Abgerufen von https://www.chathamhouse.org/publication/governing-rojava-layers-legitimacy-syria, Zugriff am 24.04.2019.

Krumm, T. (2015). Föderale Staaten im Vergleich. Eine Einführung. Wiesbaden.

Knapp, M. & Jongerden, J. (2016). Communal Democracy: The Social Contract and Confederalism in Rojava. In: Comparative Islamic Studies. Vol.10(1).

Knapp, M. (2019). Rojava – der Aufbau einer ökonomischen Alternative. Privateigentum im Dienste aller. Abgerufen von http://www.kurdistan-report.de/index.php/archiv/2014/8-kr-171-januar-februar-2014/13-privateigentum-im-dienste-aller#1, Zugriff am 10.05.2019.

Küpeli, I. (Hg.) (2015). Kampf um Kobane. Kampf um die Zukunft des Nahen Ostens. Münster.

Küpeli, I. (2017). Abstimmen im Bürgerkrieg: Regionalratswahlen in Rojava. Abgerufen von https://www.rosalux.de/news/id/38163/abstimmen-im-buergerkrieg-regionalratswahlen-in-rojava/, Zugriff am 20.7.2018.

Küpeli, I. (Hg.) (2019). Kampf um Rojava. Kampf um die Türkei. Münster.

Kurtz, K. (2014). Demokratie ohne Staat? Der Demokratische Konföderalismus in Kurdistan im systemtheoretischen Vergleich. Masterarbeit im Fach Politikwissenschaft. Philips-Universität Marburg.

Leezenberg, M. (2016). The ambiguities of democratic autonomy: the Kurdish movement in Turkey and Rojava. In: Southeast European and Black Sea Studies. 16:4. S. 671-690.

Lohschelder, Silke/ Dubowny, Lione M./ Gutschmidt, Ines (2009), AnarchaFeminismus: Auf den Spuren einer Utopie, Unrast Verlag, Münster.

Ludwig, G. (2015). Geschlecht, Macht, Staat. Feministische staatstheoretische Interventionen. Opladen/ Berlin & Toronto.

Merkel, W. (1999). Systemtransformation. Eine Einführung in die Theorie und Empirie der Transformationsforschung. Opladen.

Merkel, W. (2015). Demokratie und Krise. Zum schwierigen Verhältnis von Theorie und Empirie. Wiesbaden.

Öcalan, A. (2010). Jenseits von Staat, Macht und Gewalt. Neuss.

Öcalan, A. (2011). Democratic confederalism. London.

Öcalan, A. (2013). Liberating Life: Woman's Revolution. Köln.

Özcan, A. K. (2006). Turkey's Kurds: A Theoretical Analysis of the PKK and Abdullah Ocalan. London.

Pechriggl, A./ Mertlitsch, K./ Isop, U. & Hipfl, B. (Hrsg.) (2009). Über Geschlechterdemokratie hinaus. Klagenfurt/ Celovec.

Quirico, M. & Ragona, G. (2018). Beyond Utopia: Building Socialism Within and After Capitalism. In: Culture Unbound. Vol. 10. Issue 2. S. 263–279.

Radpey, L. (2016). Kurdish Regional Self-rule Administration in Syria: A new Model of Statehood and ist Status in International Law Compared to the Kurdistan Regional Government (KRG) in Iraq. In: Japanese Journal of Political Science 17(3). S.468-488.

Schindler, A. (2018). Kurdistan und der Krieg um Westasien. Die Strategie der Rose. Münster.

Schmidinger, T. (2015). Krieg und Revolution in Syrisch-Kurdistan. Analysen und Stimmen aus Rojava. Wien.

Schmidinger, T. (2018): Kampf um den Berg der Kurden. Geschichte und Gegenwart der Region Afrin. Wien.

Shahvisi, A. (2018). Beyond Orientalism: Exploring the Distinctive Feminism of Democratic Confederalism in Rojava. In: Geopolitics. S. 1-25.

Şimşek, B. & Jongerden, J. (2018). Gender Revolution in Rojava: The Voices beyond Tabloid Geopolitics. In: Geopolitics, Abgerufen von https://doi.org/10.1080/14650045.2018.1531283, Zugriff am 15.05.2019.

Tank, P. (2017). Kurdish Woman in Rojava: From Resistance to Reconstruction. In: Die Welt des Islam. 57. S. 404-428.

Tax, M. (2017). Auf einem unwägbaren Weg. Die Frauen im kurdischen Freiheitskampf. Münster.

Voß, E. (2010). Wegweiser Solidarische Ökonomie. Anders Wirtschaften ist möglich! Neu-Ulm.

Autor*innenbiografie

Josef Mühlbauer BA, studiert in Wien Politikwissenschaft (Master) und Philosophie (Bachelor). Sein Forschungsinteresse verläuft entlang des Bereiches der Politischen Philosophie, Demokratie- und Staatstheorien sowie des Politischen Anarchismus. Er arbeitet für das Varna Friedensforschungsinstitut (VIPR) und ehrenamtlich für die Österreichische Hochschüler*innenschaft (ÖH), ist Mitglied von anarchistischen Gewerkschaften in Bulgarien (APC) und Österreich (WAS). Beiträge von ihm wurden auf Bulgarisch und Deutsch in Zeitschriften wie *Bez Logo, Freie Welt* und *Free21* publiziert. Derzeit arbeitet er an einem von Prof. Ulrich Brand geleiteten Projekt namens Periskop, welches sich mit der Imperialen Lebensweise im österreichischen Kontext beschäftigt.